Mi biblioteca de ingeniería

Diseño y construcción en la tierra

Nikole Brooks Bethea y Alma Patricia Ramirez

Rourke Educational Media
A Division of Carson Dellosa Education

ROURKE'S
SCHOOL to HOME
CONNECTIONS

ANTES Y DURANTE LAS ACTIVIDADES DE LECTURA

Antes de la lectura: *Desarrollo del conocimiento del contexto y el vocabulario*

Desarrollar el conocimiento del contexto puede ayudar a los niños a procesar la información nueva y usar como base lo que ya saben. Antes de leer un libro, es importante utilizar lo que ya saben los niños acerca del tema. Esto los ayudará a desarrollar su vocabulario e incrementar la comprensión de la lectura.

Preguntas y actividades para desarrollar el conocimiento del contexto:

1. Ve la portada del libro y lee el título. ¿De qué crees que trata este libro?
2. ¿Qué sabes de este tema?
3. Hojea el libro y echa un vistazo a las páginas. Ve el contenido, las fotografías, los pies de fotografía y las palabras en negritas. ¿Estas características del texto te dieron información o predicciones acerca de lo que leerás en este libro?

Vocabulario: El vocabulario es la clave para la comprensión de la lectura

Use las siguientes instrucciones para iniciar una conversación acerca de cada palabra.

- Lee las palabras de vocabulario.
- ¿Qué te viene a la mente cuando ves cada palabra?
- ¿Qué crees que significa cada palabra?

Palabras de vocabulario:
- *erosión*
- *excavadoras*
- *motoniveladoras*
- *pendiente*

Durante la lectura: *Leer para obtener significado y entendimiento*

Para lograr la comprensión profunda de un libro, se anima a los niños a que usen estrategias de lectura detallada. Durante la lectura, es importante hacer que los niños se detengan y establezcan conexiones. Estas conexiones darán como resultado un análisis y entendimiento más profundos de un libro.

Lectura detallada de un texto

Durante la lectura, pida a los niños que se detengan y hablen acerca de lo siguiente:

- Partes que sean confusas
- Palabras que no conozcan
- Conexiones texto a texto, texto a ti mismo, texto al mundo
- La idea principal en cada capítulo o encabezado

Anime a los niños a usar las pistas del contexto para determinar el significado de las palabras que no conozcan. Estas estrategias ayudarán a los niños a aprender a analizar el texto más minuciosamente mientras leen.

Cuando termine de leer este libro, vaya a la última página para ver una **Actividad para después de la lectura.**

Contenido

El problema de la altura

¿Qué hay debajo de los edificios? ¿De los caminos? ¿De las banquetas? ¡Hay tierra!

¿En qué tienen que pensar los ingenieros antes de construir en la tierra?

La tierra puede estar muy alta o muy baja. Los ingenieros piensan en cómo cambiar la altura.

Los ingenieros usan **excavadoras** para hacer que la tierra esté más baja. Esas máquinas pueden escarbar y hacer agujeros.

Los ingenieros usan camiones de volteo para elevar la tierra. Esas máquinas pueden agregar más tierra.

Antes de construir, la tierra debe tener la **pendiente** correcta. La tierra tiene que ir cuesta abajo para que el agua fluya y se aleje del edificio.

Los ingenieros usan **motoniveladoras** para cambiar la pendiente.

El problema del agua

La lluvia cae sobre la tierra. El agua sube. ¡Los pueblos se pueden inundar! ¿Qué hacen los ingenieros para controlar las inundaciones?

Construyen diques de tierra. Los diques de tierra se hacen de tierra y otros materiales naturales. Contienen el agua en un lado del dique. Protegen el otro lado de las inundaciones.

dique de tierra

El agua cae en los caminos. ¡Los caminos mojados son peligrosos para manejar! ¿Qué hacen los ingenieros para mantener los caminos seguros?

Escarban zanjas en la tierra a lo largo del camino. El agua del camino drena hacia la zanja.

El problema de la erosión

El agua puede deslavar la tierra. Esto se llama **erosión**. Cuando la tierra se mueve o se cae, los edificios se mueven también. Los árboles y los cultivos pueden caerse de los acantilados. ¿Qué hacen los ingenieros para detener la erosión?

Construyen terrazas. Las terrazas son conjuntos de escalones largos y anchos. Permiten que la lluvia empape la tierra en lugar de arrastrarla.

¡Los ingenieros construyen cosas increíbles en la tierra!

Glosario de fotografías

erosión (e-ro-sión): El desgaste de algo por el agua o el viento.

excavadoras (ex-ca-va-do-ras): Las máquinas usadas para escarbar, mover y transportar tierra.

motoniveladoras (mo-to-ni-ve-la-do-ras): Máquinas con ruedas usadas para nivelar la tierra.

pendiente (pen-dien-te): La inclinación o ángulo de la tierra.

Actividad de diseño de ingeniería

¿Qué diseño usarás para construir en la tierra?

Materiales

plastilina
grava
arena
tierra para macetas
palos (o palos para arte)
caja de plástico transparente
jarra pequeña para agua

Instrucciones

Usando los materiales de la lista, diseña y construye un dique a través del centro de la caja de plástico transparente. Agrega agua en un extremo de la caja. ¿Tu dique evita que el agua pase hacia el otro lado? Si no, saca el agua y refuerza tu diseño. Haz la prueba otra vez.

Índice

Acerca del autor

Además de escribir libros de ciencias para niños, Nikole Brooks Bethea es una ingeniera profesional. Sus diseños incluyen tanques de agua altos, sistemas para tratamiento de agua potable y aguas residuales e instalaciones de agua y aguas residuales subterráneas. Ella vive en la franja territorial de Florida con su esposo y sus cuatro hijos.

Actividad para después de la lectura

Busca a tu alrededor proyectos de construcción. ¿Ves maquinaria pesada que mueve la tierra? ¿Qué crees que están construyendo? Haz una lista. Al lado de cada anotación, escribe si piensas que están haciendo que la tierra esté más alta, más baja, si están cambiando la pendiente o evitando una inundación o la erosión. Dibuja el proyecto final como piensas que se va a ver.

Library of Congress PCN Data

Diseño y construcción en la tierra / Nikole Brooks Bethea
(Mi biblioteca de ingeniería)
ISBN (pasta dura)(alk. paper) 978-1-73164-913-3
ISBN (pasta blanda) 978-1-73164-861-7
ISBN (e-Book) 978-1-73164-965-2
ISBN (e-Pub) 978-1-73165-017-7
Library of Congress Control Number: 2021935466

Rourke Educational Media
Printed in the United States of America
01-1872111937

www.rourkeeducationalmedia.com

Editado por: Hailey Scragg
Portada y diseño de interiores: Rhea Magaro-Wallace
Traducción: Alma Patricia Ramirez
Photo Credits: Cover logo: frog ©Eric Phol, test tube ©Sergey Lazarev, cover tab art ©siridhata, cover photo ©Sirene68; Page 5: ©ollo; Pages 6, 7: ©Pro-syanov; Page 7 ©strut; Pages 8, 22 ©goce; Page 9: ©getty_dumy67; Pages 10, 11, 22: ©supagrit tatongboon; Page 13: ©RoschetzkyIstockPhoto; Page 15: ©wwing; Pages 16, 17: © Copyright Ruud Morijn 2018; Pages 19, 22: ©Richard Clark; Pages 20, 21: ©primeimages